L K 12 / S47

AF403139

ESQUISSE HISTORIQUE

DES PRINCIPAUX ÉVÉNEMENS

ARRIVÉS A SAINT-DOMINGUE DEPUIS L'INCENDIE DU CAP
JUSQU'A L'EXPULSION DE SONTHONAX;

LEURS CAUSES, LEURS EFFETS.

SITUATION ACTUELLE DE CETTE COLONIE,

ET

MOYENS D'Y RÉTABLIR LA TRANQUILLITÉ.

> . . . . . A la Chine, on punit le mandarin d'une
> province qui s'est révoltée, parce que c'est toujours
> à sa mauvaise conduite qu'on attribue les écarts
> du peuple.
>
> J. J. ROUSSEAU.

PAR FRANÇOIS-FRÉDÉRIC COTTEREL.

A PARIS,

DE L'IMPRIMERIE DE CHRISTOPHE-JEAN GELÉ,
rue de la Harpe, n.º 479.

AN VI.

AVANT-PROPOS.

On doit se reprocher les malheurs de son pays, lorsqu'en connaissant les auteurs on n'a pas le courage de les signaler. N'est-ce pas un lâche silence qui a donné de l'audace aux plus vils scélérats ? La France eût-elle été couverte des honteux échafauds de *Robespierre*, si ce tyran pygmée eût été démasqué à temps ? N'est-ce pas une trop funeste apathie de la part de tout ce qui se croit républicain qui nous avait courbés sous le joug affreux de *Marat ?* Serais-je réservé au sort de Cassandre ? N'aurais-je le malheur d'être cru que quand il n'en sera plus temps ? J'userai cependant du droit de publier ma pensée : il m'est démontré par ce que j'ai recueilli, par ce que je puis produire encore, que la vérité est encore bien loin d'être connue sur Saint-Domingue ; qu'une affreuse tyrannie a long-temps opprimé ses habitans ; que des agens subalternes, vendus à l'iniquité, ont intercepté les cris du désespoir

a ij

invoquant l'autorité tutélaire des magistrats suprêmes : qu'à peine on aura soulevé le voile dont se sont enveloppés d'insolens satrapes, lors même qu'un homme probe, digne de toute la confiance du gouvernement, aura été consoler cette fertile colonie de ses longues calamités.

Je ne veux provoquer des vengeances contre aucun : hélas ! où nous mèneraient d'interminables réactions ? à la dissolution du corps politique ! Mais le législateur, mais le gouvernement, mais tous les républicains vraiment dignes de ce nom, ne doivent pas s'y méprendre : il ne faut pas que des brigands à jamais tarés viennent se dire *des patriotes persécutés*, parce que des ennemis de la liberté générale les auraient autrefois accusés. Les reproches de quelques factieux ne sont pas un certificat de civisme, ni un brevet de probité pour ces hommes déhontés, immoraux, qui emploient indifféremment et même à-la-fois les caresses, les poignards, les noyades, la flamme et le poison pour arriver à leurs fins, dont les seuls noms sont une cruelle injure. Si l'on a la douleur de les voir souiller aujourd'hui la liste de nos fidèles législateurs, on ne peut sans doute les confondre avec eux : il faut les couvrir assez de leur propre boue, pour que l'on craigne de se salir à leur approche.

Le respect dû à la représentation nationale n'exige pas qu'on encense ou qu'on taise les crimes, et la garantie législative ne peut couvrir ceux qu'on a commis avant de l'avoir usurpée : ces hommes inexorables doivent recevoir comme un bienfait l'amnistie qu'ils refusent avec tant d'obstination à leurs victimes. Eux des patriotes ! Ils en sont l'opprobre ; et l'on ferait rougir tous les bons citoyens en prostituant ce titre qu'on ne doit qu'à la vertu. On donnerait une bien étrange idée de nos principes, de notre morale républicaine, s'il fallait avoir ou imité ou surpassé les *Lebon*, les *Carrier*, enfin tous les monstres de la terreur pour l'obtenir des *exclusifs.* Le patriotisme est dans le cœur, dans la conduite, et non dans l'opinion de quelques hommes intolérans, dont la maxime est : *Hors de notre cotterie, point de salut.*

Je le crois, le triomphe de ces hommes scandaleusement enrichis était facile quand ils n'étaient combattus que par les fauteurs de barbares préjugés, les illusions du sordide intérêt mettant dans la même balance un homme et de l'or. Mais que des républicains purs prêtent leur voix à l'innocence ; que les athletes de la liberté générale à Saint-Domingue trouvent des défenseurs au continent, tandis que leur sang coule pour la patrie ; qu'ils chassent le perfide Anglais des places que la trahison lui avait livrées ; qu'on déroule aux yeux épouvantés cet affreux système de détruire les blancs par les noirs, et les jaunés par les noirs ; enfin le petit nombre des anciens libres par les nouveaux libres ; pour ne plus trouver d'obstacles à ses projets d'indépendance ou de subversion, tandis qu'on tue moralement, par les calomnies les plus atroces, ceux dont on n'a pu dompter le courage, ébranler la fidélité : alors la vérité, s'il y en a sur Saint-Domingue, se fera bientôt jour ; les ennemis de toute espèce d'ordre seront confondus. Au lieu de l'influence dont ils veuillent s'emparer sur un pays où ils ont laissé de trop longs souvenirs (1), ils s'estimeront trop heureux de pouvoir, abandonnés à leurs remords, se perdre dans l'obscurité du mépris.

Aucun motif de haine personnelle ne m'a-

---

(1) Tel, entre autres, un Dufay, qui fait un trafic honteux de ses sollicitations mercantiles, qui augmente de son ignominie l'ignominie de quelques-uns de ses prétendus collègues de Saint-Domingue, doit-il encore se vanter d'entraver (il ose le faire) l'expédition destinée par le gouvernement pour Saint-Domingue, comme il y a réussi dans le ministère colonial de Bourdon? La vertu franche et loyale des *Jean-Bar*, des *Dugai-Trouin*, réunie dans un guerrier honorablement mutilé, succède au temps de Truguet; la méprisable intrigue, de quelque nom qu'elle se pare, ne prévaudra pas près de lui, ni des hommes intègres et éclairés qui l'entourent.

nime contre cette tourbe ; je ne prends à la colonie d'autre intérêt que celui que naguère inspirait à toute ame honnête la déplorable Vendée. Si j'ai essayé de débrouiller cet inextricable cahos, ce n'a été que pour arrêter, sur les bords de l'abyme où on les précipitait, d'excellens citoyens dont le seul crime est de n'avoir pas courbé un front servile sous le plus révoltant despotisme.

La stupide gaucherie de ces tyrans jaillit de toutes parts, ou plutôt leur constance infatigable, leur acharnement à poursuivre les hommes de couleur ; la plus injuste partialité se retrouve dans la persécution de leurs chefs : les uns sont déportés ; les autres, éloignés de la colonie par des missions les plus insignifiantes ; d'autres enfin provoqués aux dernières extrémités par des dénonciations que toujours leur conduite a péremptoirement démenties.

Exposons des faits, leur langage est sans réplique ; et, s'il peut imposer silence au mensonge, nous aurons mis fin à des récriminations réciproques, qui ne feront point avancer d'un pas dans la restauration de Saint-Domingue. Qui faut-il donc croire sur ce pays des accusateurs ou des accusés ? Personne : il ne faut rien préjuger ; l'affaire n'est pas suffisamment instruite : il ne faut absoudre ni condamner ; tous ont rendu des services plus ou moins importans à la révolution : souffrira-t-on que, *comme Saturne, elle dévore ses enfans ?* Mais encore quel parti prendre ? S'instruire , rechercher de bonne foi la lumière, l'accueillir sans passions, de quelque part qu'elle vienne ; suspendre son opinion pour la former avec maturité, en pleine connaissance de cause, et pour éviter des débats interminables, inutiles, dangereux peut-être autant que toutes les discussions sur les prêtres, sur les finances, etc.... Assoupir toutes les haines par la mesure salutaire si utilement appliquée à la Vendée, et que la convention nationale avait sagement décrétée le 4 brumaire, après nous avoir donné la constitution de l'an 3. On ne doit être rigoureux qu'envers des rebelles insoumis et dangereux :

. . . . . Parcere subjectis debellare superbos.

ESQUISSE

ESQUISSE HISTORIQUE

DES PRINCIPAUX ÉVÉNEMENS

ARRIVÉS A SAINT-DOMINGUE DEPUIS L'INCENDIE DU CAP JUSQU'A L'EXPULSION DE *SONTHONAX*;

LEURS CAUSES, LEURS EFFETS.

SITUATION ACTUELLE DE CETTE COLONIE,

ET

MOYENS D'Y RÉTABLIR LA TRANQUILLITÉ.

Pour donner une idée de la situation actuelle de Saint-Domingue, et faire connaître les motifs de cette haine implacable que certains personnages ont vouée à la classe entière des hommes de couleur, il est inutile de remonter, quant à présent, aux causes de la révolution dans cette colonie, et de rappeler les événemens qui ont précédé l'époque de la liberté générale.

On sait, en effet, que la première insurrection des noirs y fut excitée par les agens de la contre-révolution, qui, ayant tenté inutilement en France différens moyens pour l'opérer, espéraient, par le bouleversement des colonies, soulever les départemens maritimes, et les porter à dissoudre l'assemblée nationale. On sait que, par suite de ces

A

principes destructeurs, des grands planteurs, alors attachés au gouvernement, feignaient à cette époque d'embrasser la cause des hommes de couleur réclamant leurs droits politiques, et leur promirent de les en faire jouir complétement dans l'espoir de les conduire à *l'indépendance.* On sait encore que ces derniers, éclairés par leurs chefs, et s'étant apperçus qu'on voulait les faire servir d'instrumens à la contre-révolution, ne tardèrent pas à manifester hautement leur opinion et leur attachement pour la mère patrie : personne n'ignore enfin que dès ce moment leurs prétendus protecteurs devinrent leurs plus mortels ennemis ; que depuis ils n'ont jamais abandonné le projet de les perdre ; que tous les moyens leur ont paru bons pour y réussir ; et que si les hommes de couleur respirent encore, ce n'est qu'à leur seule énergie qu'ils doivent l'existence.

Je ne m'arrêterai donc pas à tous ces détails ; je me bornerai à rapporter le plus succinctement possible les principaux événemens qui se sont passés à Saint-Domingue depuis l'époque de la liberté générale.

Ami sincère de la liberté et de l'égalité, je suis loin de partager l'opinion de ceux qui ont poursuivi Sonthonax pour avoir proclamé une liberté qu'il lui était peut-être impossible de refuser à cent mille hommes qui avaient les armes à la main. Mais je veux arracher le masque trompeur qui le couvre encore aux yeux de quelques républicains de bonne-foi, et les convaincre qu'on ne doit le considérer que comme un autre Erostrate, qui, se sentant incapable d'obtenir l'immortalité par les vertus et le génie d'un grand homme, voulut y arriver par des forfaits.

Si Sonthonax était un *philantrope*, comme il le prétend ; si ses actes portaient le caractère qui distingue les amis de l'humanité ; s'il n'avait pas voulu corrompre et démoraliser les hommes qu'il disait rendre à la liberté ; s'il ne les avait pas familiarisés avec tous les crimes, je serais le premier à rendre hommage à ses principes ; mais il n'y a que des aveugles ou de fougueux anarchistes qui puissent indistinctement applaudir aux faits qui ont signalé son séjour dans la malheureuse colonie de Saint-Domingue.

Narré.

Polverel, Sonthonax et Ailhaud, envoyés comme commissaires civils à Saint-Domingue pour mettre à exécution la loi du 4 avril 1792, débarquèrent *au Cap* le 17 septembre de la même année. L'un d'eux, le citoyen Ailhaud, repassa peu de temps après en France. Pol-

verel et Sonthonax, restés seuls, eurent à
lutter contre les divers partis qui se refusaient
à l'exécution de cette loi. Plusieurs événemens
malheureux signalèrent cette opposition dans
différentes parties de la colonie : enfin arriva
au Cap celui du 20 juin 1793, dont le résul-
tat, prévu par eux, les força en apparence
de donner la liberté à tous les noirs appelés
pour les défendre contre Galbaud. Ce général
fut obligé d'abandonner la ville, et de se
retirer en rade sous la protection des vaisseaux et des frégates qui y étaient mouillés,
et qu'il emmena avec lui au continent
américain.

Cette liberté n'était que partielle ; Sonthonax la voulait générale. Il voulait plus ;
il voulait que les noirs devenus libres domi-
nassent exclusivement. Les blancs n'étaient
plus en nombre suffisant pour s'y opposer ;
mais les hommes de couleur ne paraissaient
pas disposés à souffrir cette domination ex-
clusive : dès-lors il prépara leur anéantisse-
ment, et fit rédiger un journal dans lequel
on disait aux noirs : *Ce sont les hommes de
couleur qui s'opposent à votre liberté ;
qu'attendez-vous pour vous en défaire ?*

Dans les premiers jours d'août, les commissaires se séparèrent : Polverel se mit en

(5)

route pour le département du Sud, seconder le commissaire Delpech, alors attaqué de la maladie qui l'a conduit au tombeau, et appaiser des troubles survenus le 14 juillet précédent aux Cayes. (On y avait voulu assassiner Rigaud, alors colonel de la légion de l'Egalité du Sud.)

A son passage dans le département de l'Ouest, Polverel trouva les esprits fort inquiets de ce qui venait d'arriver dans celui du Nord : la plus grande fermentation s'y manifestait ; plusieurs paroisses se coalisaient pour s'opposer au torrent dévastateur, et résister, sous ce prétexte, à l'autorité des commissaires. Polverel déconcerta leurs projets et fit arrêter, dans les paroisses de *S. Marc*, de l'*Artibonite*, des *Gonaives*, du *Mirebalais*, des *Verrettes*, de l'*Arcahaye*, plus de deux cents personnes de toutes couleurs, entre autres le nègre Guiambois, qui avait beaucoup d'influence sur les noirs de son quartier, et entretenait des correspondances très-actives avec les nègres Jean François et Biassou, chefs royalistes des insurgés du Nord. Il les fit tous conduire dans les prisons du Port-au-Prince, et institua dans cette ville une cour martiale pour instruire leur procès et les juger. Là il fit de nouvelles arrestations. Le nègre Hyacinthe, qui dirigeait à son gré les nègres de la plaine du cul-de-sac, et qui était entiérement dévoué au contre-révolutionnaire Hanus de Jumécourt, fut également arrêté. Polverel apprit alors que son collègue Sonthonax avait donné la liberté générale à la partie du Nord. Il le désap-prouva dans une de ses proclamations, en disant « *qu'il ne concevait pas comment Sonthonax, dans une circonstance où il n'était pas libre lui-même, avait pu donner la liberté aux autres* »; mais en même temps il fit envisager aux habitans du Sud et de l'Ouest tous les malheurs qui les menaçaient s'ils ne se préparaient pas à cette mesure : il les engagea à les prévenir en l'adoptant spontanément. Tous les habitans accoururent en foule pour y souscrire, et la liberté fut proclamée aux cris de *vive la république*.

A cette époque Desfourneaux, lieutenant-colonel du bataillon du Pas-de-Calais, reçut ordre de marcher sur *Saint-Michel* (bourg de la partie espagnole), défendu par Biassou et don Cabréra. Il y fut complétement battu. Sa déroute entraîna la prise de la *Marmelade*, de *Plaisance* et du *canton d'Ennery*, qui se livrèrent aux Espagnols. Il fit sa retraite à *Saint-Marc* avec le reste de sa troupe. Pendant le séjour qu'il y fit, il compromit plusieurs fois la tranquillité de la ville par des propos menaçans et inconsidérés. Rentré au Port - au - Prince, Polverel le fit arrêter. Il était accusé d'exactions, de concussions, de prévarications, d'enlévement de chevaux et mulets sur les habitations. On lui reprochait en outre d'avoir remis à ses aides-de-camp, Ferdinand, Palfard et Castillon, des passe-ports signés en blanc qu'ils distribuaient à qui bon leur semblait. Polverel le fit traduire devant la cour martiale, qui entama sa procédure. Il le laissa en jugement, et partit pour les Cayes, en y laissant Pinchinat délégué de la commission dans l'Ouest.

Sonthonax resté au Cap, y avait, comme je l'ai déjà dit, proclamé, le 29 août, la liberté générale pour la partie du Nord. Dans le courant de septembre, il fit convoquer les assemblées primaires, et nommer des députés. Le 4 octobre suivant, ces députés partirent pour la Nouvelle - Angleterre, sous l'escorte de la frégate *la Fine*, commandée par Truguet frère : elle portait sept cents malades ou convalescens de l'armée européenne, et périt aux attérages, pas un seul homme ne s'est sauvé.

Sonthonax ne fut plus le maître des noirs.

qu'il venait d'affranchir ; il parut s'alarmer pour sa propre sûreté , et voulut fuir ; mais on lui fit craindre de ne pouvoir échapper à la surveillance de ses gardes , et d'en être la victime s'il faisait une pareille tentative. Il retarda de quelques jours pour prendre des mesures plus certaines. Enfin , entouré par l'armée européenne , commandée par Laveaux , il s'embarqua pour se rendre au *Port-de-Paix* , et laissa Villatte commandant de la ville du Cap. Laveaux resta au Port-de-Paix avec son armée. Sonthonax se rendit par terre à Saint-Marc : sa route fut marquée par le désordre et le pillage. Les habitans, effrayés de sa présence et des siccaires qui l'entouraient, se réunirent , et souscrivirent un acte portant pour titre : *Résistance à l'oppression.* La peur saisit Sonthonax : il appela à son secours le fameux Lapointe (1),

____

(1) Lapointe, homme de couleur, obtint pour récompense de ce service signalé le bâtiment de l'état *le Niveleur,* chargé de munitions de guerre et de bouche, des armes et de l'argent. Il partit le lendemain pour *l'Arcahaye,* où se forma la coalition de plusieurs paroisses, qui se livrèrent partie aux Espagnols et partie aux Anglais. Lapointe n'a jamais depuis abandonné les Anglais : la plupart des paroisses, au contraire, sont rentrées sous la domination de la république aussi-tôt le départ de Sonthonax de la colonie.

Il est à remarquer que Montbrun, commandant la

qui, avec deux cents hommes de cavalerie, protégea sa retraite, et l'accompagna jusqu'au Port-au-Prince.

A son arrivée dans cette ville, il annulla tout ce que son collègue Polverel avait fait; il destitua les fonctionnaires publics en activité, et en créa d'autres. La garde nationale, composée de blancs et d'anciens libres, fut désarmée; il en organisa une nouvelle, composée de domestiques et de nouveaux libres; il ordonna la suspension de toutes les procédures commencées ou à faire; il fit mettre en liberté Desfourneaux, lui donna un logement à la commission civile, le créa colonel du 48me régiment, et commandant de la place du Port-au-Prince; il fit élargir les nègres Hyacinthe et Guiambois, et les logea aussi à la commission. Il employa le premier dans diverses missions près des nègres de la plaine du cul-de-sac, sur lesquels il avait une grande influence, et du second, qui avait en exécration les hommes de couleur, il en fit un officier municipal.

Montbrun, commandant de la province de l'Ouest, et Pinchinat, délégué de la

province de l'Ouest, prévint Sonthonax des projets de trahison de Lapointe, et que Sonthonax lui répondit: *Soyez tranquille, je connais les intentions de Lapointe; laissez-le faire.*

commission ; blâmèrent hautement la conduite de Sonthonax , et en écrivirent à Polverel. Dès-lors Sonthonax rompit ouvertement avec eux , et résolut de se venger de ces deux téméraires , qui osaient censurer ses actions.

Pour y parvenir , il donna ordre à Desfourneaux de recruter le 48me régiment dans les prisons , où se trouvaient environ sept cents détenus qui , sur les ordres de Polverel, avaient été arrêtés par divers commandans militaires , non pour un excès de fidélité à leur patrie. Il lui enjoignit de ne prendre que des hommes *qui eussent servi le roi.* On en prit environ quatre cents , tant Maltais , Italiens et Génois , que soldats déserteurs de divers corps , et notamment du régiment du Port-au-Prince , précédemment embarqué pour France par les citoyens de cette ville , tous , reste de l'armée du contre-révolutionnaire Borel. Les autres prisonniers sortirent moyennant des consignations d'argent ; et s'enfuirent de la ville pour aller se réunir aux Espagnols et aux Anglais (1).

____

(1) Il n'est pas inutile d'observer que Polverel avait fait arrêter la plupart de ces hommes comme soupçonnés d'intelligences avec les Espagnols et les Anglais , et que Sonthonax les fit tous mettre en liberté , et même Hanus de Jumécourt , principal chef contre-révolutionnaire.

Tandis que Desfourneaux recrutait le 48ᵐᵉ régiment, Hyacinthe catéchisait les nègres du cul-de-sac, et Guiambois ceux de la ville. Les commerçans donnèrent de l'argent, les marins furent armés ; et sur la demande de Desfourneaux, on leur confia la garde du *fort Lislet*. Tout était préparé de manière que Sonthonax paraissait n'avoir rien à redouter de l'autorité de Montbrun et de l'influence de Pinchinat. Les deux partis étaient en présence ; et les Anglais, instruits de tout ce qui se passait, envoyaient de fréquens parlementaires qui se présentaient comme médiateurs et protecteurs, mais, en effet, pour attiser la discorde ou opérer une défection. Hyacinthe continuait d'aller dans la plaine pour s'assurer des nègres ; cependant Beauvais, qui commandait à *la Croix-des-Bouquets*, les avait captés et détachés de la coalition.

Sonthonax, fertile en ressources, eut alors l'adresse d'envoyer aux nègres *d'Ocò* un certain Poulain, en apparence, pour leur servir de secrétaire, mais en effet pour les porter à se déclarer contre les hommes de couleur et les nègres créoles. Ceux de la ville, organisés en garde nationale, s'étaient réunis à la légion de l'Egalité, commandée par Chanlatte. Enfin l'orage, grossi des plus affreux élémens, parut devoir éclater dans la nuit du 17 au 18 mars.

Dans l'après-midi de cette journée, Desfourneaux fit distribuer des cartouches à son régiment ; Pinchinat se retira à la Rivière-Froide, Chanlatte aux casernes, et Desfourneaux demanda à Sonthonax l'ordre d'arrêter Montbrun. Celui-ci lui répondit : *Si vous vous sentez capable de l'arrêter, je vous y autorise ; mais je ne vous en remettrai l'ordre que quand vous l'aurez exécuté* (1).

Desfourneaux n'en demanda pas davantage : il se voyait gouverneur général s'il parvenait à se défaire de Montbrun. Il était dix heures du soir. Il vole, suivi d'un détachement de cent hommes, entourer la maison de Montbrun. Celui-ci, prévenu, ne s'y trouva pas, et marcha, à la tête de la légion de l'Egalité, à la rencontre de Desfourneaux. C'était à qui s'emparerait des forts : des patrouilles étaient en marche de part et d'autre. Le feu s'engagea de toutes parts dans la place ; de toutes parts Montbrun l'emporta. Desfourneaux battu, fit sa retraite au fort *Sainte - Claire*, emmenant avec lui Sonthonax, confus et dispensé de délivrer *un ordre* par écrit.

______

(1) Telle a toujours été son excessive précaution, que dans toutes les occasions semblables il n'a jamais donné que des ordres verbaux : *verba volant, scribta manent*.

Montbrun, maître de tous les forts, eût pu s'emparer de celui de *Sainte-Claire* en moins d'un quart d'heure ; mais dès qu'il sut que le commissaire y était, il fit cesser le feu, lui proposa des moyens de conciliation, lui demanda l'embarquement de Desfourneaux et de son régiment, l'invita à se montrer et à venir reprendre son logement et ses fonctions. Sonthonax accepta tout. Desfourneaux fut mis à bord avec deux cents hommes de son régiment (1). Une espèce de capitulation fut signée, et Sonthonax revint au gouvernement dans la voiture de Montbrun.

Cependant tous les habitans de la ville

---

(1) Desfourneaux fut trouver les Anglais qui croisaient devant le Port-au-Prince. Ceux-ci l'envoyèrent à Léogane, dont ils venaient de prendre possession, et les hommes de son régiment qu'il avait emmenés avec lui servirent à former le noyau de la légion de l'émigré Montalembert.

Il fut parfaitement bien accueilli à Léogane, et envoyé, peu de temps après, au *Môle-Saint-Nicolas*. Il y obtint la permission de passer à la Nouvelle-Angleterre, d'où il est revenu en France. Il y a été fait général de division sans passer par le grade de général de brigade, par le crédit mercantile des Dufay, qui le faisaient secrétement repasser à Saint-Domingue.

Le comité de salut public, après avoir entendu le commissaire Polverel, a suspendu son départ, et l'a retenu dix-huit mois à Brest : mais Sonthonax, lors de son renvoi à Saint-Domingue, l'a choisi et remmené avec lui.

étaient dans la plus grande consternation ; la crainte était dans tous les cœurs. Tous ceux qui pouvaient fuir se réfugiaient chez l'Anglais ; l'émigration devenait générale : eh ! que pouvait-on faire de plus pour la provoquer ? Plus de quatre mille passe-ports furent distribués ; on les fit payer, même pour les femmes et les enfans. La ville fut bientôt déserte , et par conséquent hors d'état de résister aux attaques des ennemis extérieurs (1).

Pendant que tout ceci se passait au Port-au-Prince , le *secrétaire* Poulain, qui avait ses instructions , et avait cru le succès de Desfourneaux infaillible , se présenta à leur tête devant la Croix-des-Bouquets , en demandant le pillage et la tête du commandant Beauvais. Marc Borno , commandant de la gendarmerie de ce bourg , les chargea vigoureusement, et en tua un très-grand nombre , avec leur chef Alaou. On n'a pas su ce que devint le *secrétaire* Poulain.

____

(1) C'est cette effrayante émigration , bien préparée , bien prévue , qui a occasionné la perte de la ville du Port-au-Prince , des immenses richesses qui y étaient renfermées, et de plus de quarante millions auxquels on peut évaluer ce qui était dans la rade.

Sonthonax, étonné de tous ces revers, ne se rebuta pas. Il voulut renouer ses projets destructeurs à l'aide du nègre Blaise, qu'il avait fait lieutenant-colonel de la légion de l'Egalité de l'Ouest, et qui devait se charger de faire exécuter, par ses agens, l'égorgement en un jour de tous les principaux d'entre les hommes de couleur (1).

Montbrun et Pinchinat écrivirent à Polverel que le Port-au-Prince était dans la situation la plus déplorable, cerné par terre et par mer, divisé intérieurement, et que sa présence y était indispensablement nécessaire. Polverel céda à leurs instances, et se rendit au Port-au-Prince. Il y recueillit toutes les dépositions contre la conduite de son collègue (2); et il se disposait

------

(1) Le particulier qui a été présent à la conversation, et qui a entendu le plan de ces deux cannibales, l'a rendue aux représentans Grégoire et Giraud. Ce dernier, commissaire à Saint-Domingue, en est revenu en France sans attendre la fin de sa mission.

Le même nègre, Blaise, commandait un bataillon de légion, et s'est le premier rendu aux Anglais lors de la prise du Port-au-Prince; il avait même arboré, au *Fort-Saint-Joseph*, le pavillon anglais avant que leur descente y fût effectuée.

(2) Il en avait recueilli deux cents, et les avait apportées

à l'embarquer et à le renvoyer en France lorsque les Anglais, instruits de la situation critique de la ville, et appelés par le parti qui s'y était formé en leur faveur, pressèrent leur attaque, forcèrent les commissaires à l'évacuer presque sans coup férir, et à se retirer à Jacmel. A peine y furent-ils arrivés, qu'une corvette envoyée par le comité de salut public parut devant la rade, portant l'ordre de leur rappel en Europe, et ne tarda point à les embarquer.

Sonthonax, avant son départ, conféra avec Dieudonné et plusieurs autres chefs noirs. Cet homme était président des volontaires nationaux du Port-au-Prince, place de la création du commissaire. Il donna à Dieudonné son cordon

---

avec lui en France : le carton qui les contenait a disparu à sa mort.

Mais un fait notoire qui ne peut laisser aucun doute sur l'existence de ces pièces, c'est que ce commissaire, instruit que Dufay travaillait à faire repasser Desfourneaux à Saint-Domingue, fut le trouver chez lui, et lui dit : « Dufay, je sais que tu veux faire renvoyer Desfourneaux » à Saint-Domingue : je te préviens que si tu ne te dé- » sistes de ce projet, j'indique à la commission des co- » lonies un carton qui contient deux cents pièces contre » lui et Sonthonax, et je les perds ».

tricolore

tricolore, qu'il lui passa au cou, en lui disant qu'il le faisait commissaire pendant son ab-sence, et qu'il lui défendait, ainsi qu'aux autres noirs, d'obéir à qui que ce fût jusqu'à son retour. « *Votre liberté*, leur dit-il, *est en danger ; les mulâtres sont vos ennemis : vous n'avez d'autre parti à prendre que celui de vous insurger tous* ».

Au départ des commissaires, Laveaux resta gouverneur en chef de la colonie, Montbrun, gouverneur par *intérim* du département de l'Ouest, et Rigaud, gouverneur aussi par *in-térim* de celui du Sud.

Dans le département du Nord, l'ennemi occupait *le fort Dauphin*, et *toutes les montagnes de l'Est*. Dans celui de l'Ouest, il possédait *le Môle-Saint-Nicolas, Saint-Marc, les Verrettes, l'Arcahaye, le Mire-balais, la Croix-des-Bouquets, le Port-au-Prince, Léogane* et *le Sale-Trou*. Dans celui de Sud, il était maître des *Cayemittes*, de *Jérémie*, du *Cap-Dame-Marie*, de *l'Islet à Pierre-Joseph*, des *Irois* et de *Tiburon*.

Il est aisé de voir sur la carte, par le simple énoncé des quartiers tombés au pouvoir de l'ennemi, que non-seulement les communica-tions par terre entre le département du Nord et ceux de l'Ouest et du Sud, étaient inter-

B

BIBLIOTHÈQUE ROYALE

I

ceptées , mais encore que celles d'une grande
partie de ces deux derniers départemens
étaient très-difficiles. Quant à celles par mer,
elles étaient absolument impraticables, at-
tendu qu'il n'existait aucun bâtiment armé
dans la colonie, et que ceux même de cabo-
tage avaient été pris depuis long-temps :
alors chaque chef, isolé, pour ainsi dire,
abandonné à lui-même, était forcé d'agir
selon les circonstances, et d'après ce que son
zèle et ses lumières lui suggéraient.

A ce triste tableau, ajoutez celui de la
pénurie où l'on était dans le Sud et l'Ouest
des objets de première nécessité. Ces départemens étaient entiérement privés d'armes,
de munitions, de comestibles, d'habillemens
pour la troupe. Ils manquaient en outre de
corps disciplinés, par la défection d'une partie de la légion de l'Ouest, et par celle totale
des volontaires nationaux du ci-devant
Port-au-Prince. Les soldats de ces deux corps
avaient été faits prisonniers, ou s'étaient
réunis sous les ordres de Dieudonné, après la
prise de cette ville, et avaient formé des
camps dans les montagnes de la Rivière-
Froide et de la Charbonnière.

Les premiers soins du général Rigaud, dans
le Sud, se portèrent sur la prompte organi-

sation d'une force armée, capable de s'opposer aux progrès effrayans de l'ennemi. Il était entiérement livré à ce travail, lorsque le gouverneur Montbrun et le colonel Beauvais l'appelèrent à Jacmel, pour, conjointement avec Pinchinat, être médiateurs des différens qui s'étaient élevés entre eux.

Rendus à Jacmel, et après les avoir entendus tous deux, et avoir déclaré que tous les torts appartenaient à Montbrun, ils l'engagèrent à laisser le commandement de l'arrondissement de l'Est à Beauvais, et à se retirer chez lui, à la colline d'Aquin. Montbrun y consentit ; mais, quelques jours après, un bruit se répandit qu'il allait partir furtivement.

Rigaud craignait que cette évasion, vraie ou supposée, ne produisît les plus grands malheurs : déjà disait-on hautement : « Les » commissaires nous ont abandonnés ; Mont-» brun va partir, les autres chefs ne tarde-» ront pas à le suivre. Abandonnés de tout » le monde, il ne nous restera plus qu'à » tomber au pouvoir des Anglais ».

Alarmés de ces propos, tous les officiers commandans des différens points de l'Ouest et du Sud se réunirent au général Rigaud ; et d'après diverses dépositions recueillies contre

Montbrun, ils décidèrent unanimement son arrestation : Rigaud en donna l'ordre, et Montbrun fut conduit dans les prisons du *Petit-Saint-Louis.*

Le gouverneur Laveaux, à qui Rigaud avait, aussi-tôt qu'il l'avait pu, rendu compte de cet événement, lui écrivit : « *Il faut garder Montbrun dans les prisons de Saint-Louis jusqu'à ce que nous ayons une frégate ou un vaisseau pour l'envoyer avec sûreté en France* ».

Cette affaire terminée, et le calme entiérement rétabli dans l'Ouest, Rigaud s'occupa plus que jamais de mettre le département du Sud, et les quartiers de celui de l'Ouest qui y avaient été précédemment annexés par Polverel, dans un état de défense respectable. Il prit des mesures pour raviver la culture, en maintenant les noirs sur leurs habitations respectives, en leur assurant le paiement fixé par les réglemens faits à ce sujet par Polverel, et en ordonnant la sricte exécution de ces mêmes réglemens.

Le Sale-Trou, dont les Anglais et un parti de royalistes étaient maîtres, venait d'être repris par Beauvais, alors commandant en chef l'arrondissement de l'Ouest. Parfaitement d'accord avec Rigaud, ils ne tardèrent pas l'un et l'autre à porter au complet, et même à augmenter la force des légions de l'Ouest et du Sud, à armer un nombre infini de petits corsaires qui inquiétaient l'ennemi, ruinaient son commerce, allaient s'emparer de ses bâtimens jusques dans ses ports, et à se procurer enfin à prix d'argent, et dans tous les pays neutres ou alliés où ils purent envoyer, des armes et de la poudre qu'ils ont payées dans plusieurs circonstances trois gourdes la livre. Ils en demandaient vainement, dès cette époque, au gouverneur général Laveaux, et jamais depuis, malgré les instances les plus pressantes, ils n'en purent obtenir.

Quoi qu'il en soit, jaloux de retirer des faibles moyens qu'il s'était procuré avec la plus grande peine tous les avantages qu'il en attendait, le général Rigaud, dans le courant de vendémiaire de l'an 3, parvint à s'emparer de Léogane, défendu par les émigrés français à la solde de l'Angleterre. Ce premier succès, en étonnant l'ennemi, permit à ce général, le 9 nivôse suivant, de marcher contre Tiburon, qu'il emporta d'assaut après quelques jours de siège et trois combats meurtriers. Bientôt après, en germinal, il réunit à Léogane environ deux mille hommes, tirés des légions de l'Ouest et du Sud, pour attaquer le Port-au-Prince et faire le siège du fort Bizoton, défendu par une nombreuse garnison anglaise. Puissamment secondé dans cette expédition par le colonel Beauvais, il allait s'en rendre maître lorsque l'ex-gouverneur Laveaux (dont l'armée, commandée par le lieutenant-général Toussaint Louverture, venait d'être repoussée devant Saint-Marc) lui donna ordre de lever le siège et de faire retirer ses troupes.

Les Anglais, étourdis des attaques fréquentes, et effrayés des succès si décisifs de ces troupes nouvellement formées et disciplinées, jugèrent à propos de se resserrer sur les points qu'ils occupaient, et de se tenir simplement sur la défensive.

Les haines, les passions, les préjugés, les divisions que Sonthonax avait, pendant son séjour à Saint-Domingue, fomentés et entretenus avec tant de soin parmi les diverses classes des citoyens de cette colonie, étaient entièrement éteints. L'ordre, l'harmonie, la bonne intelligence leur succédaient et faisaient oublier les malheurs dont ils avaient été si long-temps victimes. Près de huit mois s'étaient déjà écoulés dans cette heureuse tranquillité : les généraux Rigaud et Beauvais en avaient su profiter. Ils étaient parvenus, dans ce court espace de temps, à faire re-fleurir la culture, à faire sentir aux culti-vateurs que de leur travail dépendait le maintien de leur liberté ; à réprimer le vol et le vagabondage, à offrir enfin aux yeux des propriétaires étonnés des récoltes qu'on pouvait, pour ainsi dire, comparer à celles des années antérieures à la révolution.

Soupçonné long-temps d'entretenir des in-telligences avec l'Anglais, Dieudonné, qui prenait le titre de commissaire civil, dont Sonthonax l'avait revêtu à son départ, fut le premier qui troubla cet état de calme. Il leva le masque tout-à-coup, reçut et accueillit publiquement les émissaires que les Anglais et l'émigré Montalembert lui envoyaient du Port - au - Prince : il établit même aux portes de cette ville un marché où se livraient les vivres et denrées coloniales en échange des munitions et des marchandises sèches que l'ennemi lui fournissait.

Rigaud et Beauvais, avant de se détermi-ner à employer la force pour empêcher les suites de ces intelligences, usèrent de tous les moyens possibles de conciliation pour ramener Dieudonné. Ils lui donnèrent con-naissance de la paix avec l'Espagne, et du

décret du 5 thermidor, an 3, qui les nom-
mait généraux de brigade. Ils lui signifièrent
enfin d'avoir à déclarer, sous un bref délai,
s'il tenait pour la république française ou
pour les Anglais. Dieudonné, pour toute
réponse, fit égorger les envoyés, marcha sur
Léogane, et s'empara, le 15 nivôse, an 4,
du *camp Philippe*, poste avancé à une lieue
et demie de distance de cette ville. Maître de
cette position, il fit incendier les sucreries
de la plaine ; enlever tous les animaux,
piller et tuer les cultivateurs qui refusaient
de marcher avec lui.

Ces deux généraux, pour opposer une
digue aux horreurs que commettait Dieudonné, et rassurer les cultivateurs éperdus
qui se rendaient en foule à Léogane en demandant du secours, déployèrent la rigueur,
et marchèrent sur lui. Les succès multipliés
qu'on obtint effrayèrent ceux qui ne s'étaient
attachés à son parti que par crainte ou par fai-
blesse, et déterminèrent Laplume, qui commandait après lui, ainsi que plusieurs autres
chefs en sous-ordre, convaincus de partici-
pation à sa trahison, à s'emparer de lui, à
le conduire à Léogane, et à remettre aux
généraux républicains les preuves écrites de
ses trames perfides avec les Anglais.

Pompée, autre chef sous ses ordres, et commandant un camp dans les hauteurs de Léogane, fut également arrêté comme traître, et transféré dans les prisons.

Les Anglais, instruits de l'arrestation de Dieudonné, et appelés par le parti qui existait encore en sa faveur dans ces montagnes, profitèrent du moment où Laplume et les autres principaux chefs le conduisaient à Léogane pour s'emparer de ces postes importans, dont on essaya, mais sans succès, de les chasser dans le courant de ventôse.

Les Anglais, fiers de leur position, et ayant reçu des renforts d'Europe, se déterminèrent à tenter le siège de Léogane. Ils se présentèrent devant cette ville le premier nivôse suivant, avec des forces imposantes.

Quatre mille hommes de troupes anglaises, sous les ordres du major-général Bowyer, deux mille émigrés, commandés par Montalembert et Dessources, firent leur débarquement, protégés par quatre vaisseaux, six frégates, et une grande quantité d'autres bâtimens armés, sous les ordres de l'amiral Parker.

Le débarquement fait, les vaisseaux et les frégates vinrent s'embosser sous le fort *Ça-ira*, situé au bord de la mer, près de Léogane, et firent un feu terrible pendant vingt-quatre heures. On leur riposta si vigoureusement, et avec tant de succès, qu'ils se virent contraints de couper leurs cables, et de s'éloigner du fort, dont ils n'osèrent plus approcher.

Les troupes de terre, après quatre jours de siège, furent, malgré leurs vives canonnades et leurs assauts réitérés, également repoussées et si complétement battues dans plusieurs sorties qu'on fit sur elles, qu'elles eurent à peine le temps de se rembarquer. Une grande quantité de munitions, de provisions de toute espèce et deux pièces d'artillerie tombèrent au pouvoir des vainqueurs.

C'est pendant que ces deux généraux défendaient si courageusement et conservaient à la France les deux départemens qui leur étaient confiés ; c'est pendant qu'ils s'occupaient à faire parvenir au gouvernement l'expression de leur reconnaissance et de leur dévouement ; c'est, dis-je, pendant qu'ils convoquaient, d'après les ordres de l'ex-gouverneur Laveaux et de l'ordonnateur Perroud, les assemblées primaires et électorales qui nommèrent les députés de ces départemens au corps législatif, que de lâches calomniateurs les accusaient près le directoire exécutif de vouloir se soustraire aux loix de la mère patrie, et de livrer à nos implacables ennemis, les Anglais, les postes qu'ils n'avaient cessé de défendre, eux et leurs frères, avec tant d'énergie depuis le commencement de la révolution. De vils scélérats voulaient faire tomber le glaive égaré de la justice sur des hommes à qui l'on décernera des couronnes civiques.

Mais il est aisé d'apprécier le but de ces calomnies : elles étaient dictées et répandues par des hommes jaloux de la prospérité de ces deux départemens, qui, honteux de leur oisiveté désorganisatrice dans la partie du Nord, et craignant la comparaison désavantageuse qui serait faite de sa situation avec celle de l'Ouest et du Sud, voulaient, par tous les moyens possibles, en opérer la subversion. Qui sait même si ce n'était pas encore pour eux, et les leurs, un moyen d'excuser leurs fureurs tyranniques, ou, dans un chaos absolu, à dix-huit cents lieues, celui de dilapider à pleines mains, dans un pays si florissant, sans qu'il soit possible d'y rien débrouiller.

En effet, la partie du Nord, au moment et depuis le départ des commissaires civils, était en proie à la terreur, au brigandage et à l'anarchie la plus complète. Laveaux, général en chef, était retiré au *Port-de-Paix*, et y était resté pendant plus de deux ans dans l'inaction et l'abondance, au moins des vivres du pays. Le général Villatte commandait la ville du Cap et ses dépendances. Il avait à combattre les Anglais, les Espagnols et les nègres royalistes réunis, sous les ordres de Jean François et de Biassou.

Dans toutes les circonstances, il avait battu les uns et les autres. Il a constamment résisté à tous leurs moyens de séduction ; il a dédaigné un million qui, de l'aveu même de ses accusateurs, lui a été offert par les Espagnols ; il a supporté une famine dont l'histoire fournit peu d'exemples (1) ; il a exclusivement nourri les Européens, leurs

----

(1) On s'arrachait, *au Cap*, un tronçon de canne, on le jetait après l'avoir sucé, et on le ramassait pour le sucer encore, tandis que les vivres étaient en si grande abondance au *Port-de-Paix*, qu'ils pourrissaient encombrés dans ses magasins, et que l'on en fit jeter à la mer, dans le canal de la Tortue, des quantités considérables. C'est de ce lieu d'abondance que l'on faisait repousser à coups de fusils les malheureux habitans du Cap, qui venaient par mer à dix lieues de leur résidence, au risque d'être pris par les ennemis, chercher leur subsistance et celle de leurs malheureuses familles.

emmes et leurs enfans, avec quelques barils
de farine mis en réserve dans les magasins
de la république, destinés à sa troupe et à
son usage, et il a lé premier donné l'exemple
aux hommes du pays de se nourrir de cannes
et de racines ; il s'est mis à leur tête pour aller
fouiller la terre et y planter des vivres ; il
sut contenir les hommes égarés par la licence,
et pourtant s'en faire aimer : enfin il avait ac-
quis la confiance des troupes et de ses conci-
toyens de toutes couleurs, et il était parvenu à
rappeler la tranquillité, le travail, et même un
peu de commerce (1). Et cet infortuné guerrier,
à qui ses implacables ennemis même ne peuvent
refuser des éloges, tel que la république n'a
pas de plus ardent défenseur, qui lui a conservé le nord de Saint-Domingue, pour ainsi

---

(1) Quelques sucreries avaient été rétablies, et don-
naient des produits. Elles ont été affermées, depuis
l'arrivée des cinq agens du gouvernement, à des prix
très-modiques, et sous des noms empruntés, au profit
d'hommes qui, partis de France presque nuds, ne sont
passés dans la colonie que pour y dilapider la fortune
publique. *Le vertueux et désintéressé Leborgne* s'était
emparé (sans doute pour l'empêcher de tomber en plus
mauvaises mains) de la belle sucrerie de l'infortuné
Macnemara, et son patron Sonthonax lui en attribua les
produits, quoique l'administration eût résilié son fermage
dont il n'avait pas rempli les obligations.

dire , malgré un chef qui n'aurait dû rivaliser avec lui que de gloire et de générosité, après vingt mois de captivité, gémit encore (lui vingt-huitième) victime de sa haine et de son injuste vengeance. On enchaîne ce courage si terrible à l'ennemi, si cher à la liberté, si dévoué au gouvernement!.. Augustes dépositaires de l'autorité nationale, que réservez-vous donc à vos amis, lorsque vous avez été grands et généreux envers vos plus mortels ennemis?

Telle était la position du Nord à l'arrivée de la corvette *la Vénus*, commandée par Désageneaux. Il est vraisemblable que cette corvette apporta au général Laveaux des instructions particulières qui lui indiquaient une marche nouvelle à suivre. Il part tout-à-coup du Port-de-Paix pour se rendre au Cap ; il improuve et annulle toutes les opérations de Villatte, s'empare de l'administration, du commerce, et veut introduire un papier-monnoie *de sa création* (1).

A cette époque, la montagne du Port-de-Paix, qui jusqu'alors avait été tranquille, fut en révolte ouverte. Soixante propriétaires blancs et de couleur furent massacrés sur leurs habitations, sous le prétexte que Son-

____

(1) Portant l'initiale du nom de Perroud.

thonax allait être guillotiné. Les nègres révoltés, dirigés par Etienne, dirent que si on
ne leur rendait pas Sonthonax, ils mettraient
tout à feu et à sang.

En réfléchissant que depuis deux ans et
demi les nègres n'avaient point parlé de cet
homme, que penser d'un mouvement si subit
pour lui et en son nom (1)!

Le principal instrument, Etienne, a été fu-
sillé depuis le retour de Sonthonax : c'était
le moyen le plus sûr d'étouffer la connaissance de ceux qui l'avaient mis en mouvement (2).

La conduite de Laveaux, le secret qu'il
affectait de garder sur les nouvelles apportées
de France par la corvette *la Vénus*, dans un
pays oublié depuis si long-temps, justement
avide de la jouissance de ses droits, et où on

______

(1) On se rappelle toujours avec horreur que c'est aux
cris de *vive leur papa Sonthonax*, *vive leur papa La-*
veaux que les nègres assassinaient dans ces quartiers.

(2) L'agent particulier, Leblanc, peu de temps après son
arrivée au Cap, et après avoir pris des informations sur
les assassinats qui se continuaient dans la montagne du
Port-de-Paix, entra dans le cabinet de Sonthonax, et lui
dit « *Tu es un scélérat ; c'est toi qui a organisé les*
assassinats qui se sont commis et se perpétuent dans la
montagne du Port-de-Paix ; s'ils ne cessent sous quatre
jours, je te brûle la cervelle » Et les assassinats ont cessé.

ne connaissait encore que la constitution de
1793, échauffèrent tellement les esprits, qu'il
résulta un soulévement dans lequel Laveaux
et Perroud furent emprisonnés le 30 ventôse,
non, comme on s'est plu à le débiter, par les
hommes de couleur seulement, mais encore
par les blancs et les noirs. La plupart de
ces derniers, lors de l'arrestation de Villate,
ont été mis en liberté, parce qu'on craignait
et le nombre et la force des noirs : l'un d'eux,
Annecy, généralement estimé, arrive aujourd'hui avec Sonthonax comme député au
corps législatif. Ainsi, quoique prévenus du
même fait, les uns sont proscrits, les autres
sont exceptés!..... Qui ne voit les motifs de
ce discernement ?

A la nouvelle de cette arrestation, le général Toussaint Louverture, commandant
des Gonaïves, se mit en marche à la tête d'un
nombreux corps de troupes, et se rendit devant le Cap, pour forcer cette ville à élargir
ces deux chefs, qui, coupables ou non, n'en
étaient pas moins à ses yeux revêtus de l'autorité nationale ; mais déjà ils avaient été
relâchés par les soins de Villatte et de la
municipalité.

Ce premier se retira au camp de la Mar-
tellière, avec un grand nombre de citoyens
de

de toutes les couleurs qui voulurent le suivre. Effrayés de l'approche de Toussaint, et trompés peut-être aussi sur la droiture de ses intentions, tous ensemble se décidèrent à y attendre les commissaires dont on annonçait la prochaine arrivée.

Les choses en étaient là dans le courant de floréal de l'an 4, lorsque parut à *Santo-Domingo* le citoyen Roume, agent particulier du directoire exécutif pour la partie ci - devant espagnole de Saint - Domingue. Son premier soin fut d'annoncer son arrivée à tous les chefs militaires de la partie française de cette île. Il demanda particuliérement aux généraux Laveaux et Villatte l'envoi de personnes sages et éclairées, pour le mettre au fait des causes qui avaient donné lieu à l'événement du 30 ventôse, et à ceux qui l'avaient suivi. Il demanda aux généraux Beauvais et Rigaud des commissaires de l'Ouest et du Sud, pour assister à la discussion qu'il voulait établir entre les envoyés des deux généraux du département du Nord.

A la suite de cette discussion, le commissaire Roume écrivit, le 22 floréal, aux généraux Laveaux, Villatte, Toussaint Louverture, et autres chefs républicains, qu'ils avaient été le jouet de leurs ennemis com-

muns. Il leur disait : « *La fausseté, l'absur-*
» *dité de toutes les accusations portées des*
» *deux côtés, furent toujours repoussées*
» *de la manière la plus victorieuse,* si ce
» n'est relativement à quelques faits dont on
» convint de bonne foi de part et d'autre, et
» qui ne sont que les conséquences insépa-
» rables d'un état de défiance mutuelle. Il
» devient impossible de nier plus long-temps
» que vous ne fussiez tous les dupes de vos
» implacables ennemis. Vos commissaires
» rougirent de honte pour eux et pour vous
» tous, de vous être laissés conduire comme
» des aveugles : ils eurent le courage d'en
» faire l'aveu, et jurèrent d'effacer de leurs
» cœurs francs jusqu'au plus léger souvenir
» de votre apparente inimitié. Nous jurâmes
» tous que la confiance et la paix repren-
» draient, chez tous les bons républicains des
» trois couleurs, leur place usurpée par le
» soupçon et le trouble. Nous jurâmes que
» celui qui s'y refuserait serait considéré,
» par vous et nous, comme un homme qu'il
» faudrait chasser de la colonie, etc. »

L'ordonnateur Perroud, un des envoyés
de Laveaux, écrivit dans le même sens au
général Rigaud : sa lettre a été imprimée;
elle est bien connue.

Le caractère modéré du citoyen Roume,

les sermens que venaient de prononcer les envoyés des divers généraux, de tout oublier et de se réunir sincèrement, tout faisait présager, dans la partie du Nord, le retour d'une tranquillité après laquelle on soupirait si ardemment, et qui en fut bientôt bannie à jamais par l'arrivée au Cap des agens du directoire exécutif (1).

Sonthonax, choisi par le gouvernement pour retourner à Saint-Domingue, était sans doute chargé d'y concilier les esprits, et d'y cicatriser les plaies de la révolution. Ses collègues, en arrivant, s'en sont rapportés à lui,

____

(1) Cette agence était composée de cinq membres, Sonthonax, Giraud, Leblanc, Raymond, et de Roume, précédemment arrivé à Saint-Domingue. Giraud et Leblanc ne tardèrent pas à s'appercevoir du but perfide auquel tendait Sonthonax, et repassèrent bientôt en France. Le dernier mourut dans la traversée, le neuvième jour de son embarquement, non sans faire naître de violens soupçons sur la cause d'une mort si prompte.

Qu'en penser, en effet, lorsqu'on sait, comme on a pu le remarquer, que ce commissaire avait écrit différentes lettres pour s'informer quels étaient les moteurs des assassinats de la montagne du Port-de-Paix. Une d'elles fut envoyée à Sonthonax (car il achetait au poids de l'or la correspondance de ses collègues), qui, la recevant en présence d'un de ses amis, lui dit en propres termes : *« Voilà une lettre de Leblanc, c'est bien sa signature ; il me la paiera : de sa vie il ne pétera en France ».*

comme pouvant faire davantage par son influence, par la connaissance des caractères
et des localités. Il n'a rempli ni le but de
cette mission, ni répondu à cette confiance :
tous ses actes portent le caractère de la partialité, de la récrimination et de la vengeance.

Arbitre de l'un et l'autre parti, il lui
était bien facile de les rapprocher et de les
concilier ; mais circonvenu par Laveaux, qui
avait été le joindre à bord du vaisseau *le
Watigny*, avant son débarquement, et qui
avait eu avec lui une longue et secrète con-
férence, il ne l'a pas voulu. En présence de
Roume, les envoyés de Laveaux et de Villatte s'étaient donné le baiser de paix. On
avait juré d'oublier le 30 ventôse ; Laveaux,
lui-même, et Perroud l'avaient juré à la
municipalité du Cap aussi-tôt après leur élar-
gissement. Si ce perfide baiser n'eût été celui
de Néron, tout était calme, tout était fini.

Que ne peut la soif de la vengeance !
Sonthonax envoie à Villatte l'ordre de venir
à la commission rendre compte de sa conduite.
Villatte, adoré de sa troupe, obéit comme le
plus simple soldat : il revient dans cette ville,
qu'il a alimentée dans sa détresse, qu'il a
su conserver à la liberté par son courage et
son noble désintéressement. Il entre au Cap ;
tous les citoyens, hommes, femmes, enfans

se pressent sur son passage, ils ne peuvent contenir leur émotion et leur joie; ils l'accompagnent jusqu'au gouvernement avec des branches de palmiste, de grenadille, et crient tous : *Vive la république, vivent les commissaires, vive Villatte, vive le sauveur du Cap.*

À ces cris, Laveaux, furieux, fond le sabre à la main, ainsi que ses officiers, sur cette multitude. Quantité de femmes furent blessées; plusieurs même en sont restées estropiées. Une d'entre elles, alors enceinte, en est morte. Les agens leur ont fait distribuer une gourde par jour pendant tout le temps qu'a duré leur traitement. Qu'ils aient l'impudence de le nier (1)!

La commission, après avoir entendu Villatte, le renvoya à son camp pour y attendre ses ordres; mais, quelques jours après, Sonthonax surprit à l'incurie de ses collègues la proclamation signée de lui comme président, qui mettait Villatte hors la loi, ordonnait « *de lui courir sus, de l'emmener mort ou* » *vif* ». Il manqua, en effet, de tomber dans

_____

(1) Des procès-verbaux constatent ces faits. On trouvera sur les registres de l'hôpital du Cap les noms de quarante-cinq des personnes blessées en cette occasion. Loin de punir de pareilles atrocités, on les a traitées froidement de *petites corrections* justement infligées à des êtres qui osaient manifester de l'attachement pour un homme proscrit.

une embuscade de sicaires postés sur son chemin, et qu'il n'évita qu'en se retirant par mer. Sonthonax déçu, exigea au moins sa déportation et celle de vingt-huit individus qu'il aurait pu employer utilement au retour de la tranquillité et à la défense du pays (1).

(1) Sonthonax demanda au général Laveaux quels moyens on pourrait employer pour se débarrasser de la caste entière des hommes de couleur. Laveaux lui répondit qu'il fallait les déporter tous, hommes, femmes et enfans, depuis l'âge de dix jusqu'à cinquante ans. Cette proposition verbale ne suffisait pas à Sonthonax : il engagea Laveaux à la développer par écrit, sous prétexte qu'il ne pouvait point la présenter verbalement à ses collègues. Laveaux rédigea et remit son projet par écrit. Sonthonax observa qu'il convenait que ce travail fût signé, et Laveaux eut encore la bonhommie de signer : lorsque Sonthonax en fut muni, il la fit voir à plusieurs hommes de couleur, en leur disant : « *Vous croyez que je ne suis pas votre ami : eh-bien, voilà le plan qu'on me propose contre vous, et que je viens de déjouer* ».

Je frissonne encore quand je pense au funeste sort qui attendait ces intéressantes victimes du plus affreux machiavélisme, si elles n'eussent rencontré un courage constant à présumer de leur innocence par le seul nom de leurs accusateurs, à croire assez à la justice et à la droiture du législateur et du gouvernement pour représenter sans cesse leurs réclamations avec une persévérance importune, quelquefois même acerbe, mais souvent arrachée par le spectacle déchirant de leurs souffrances et la vive indignation qu'allumaient par fois les succès de l'imposture. Il faut

Sur les trente mille fusils que la commis-

l'avouer, j'en avais la conscience, des intrigues crimi-
nelles et subalternes avaient saisi le moment où les
suprêmes magistrats, récemment pressés par des factions,
uniquement attentifs à la sûreté publique, s'armaient
d'une rigueur alors nécessaire ; et l'on n'avait montré
au directoire mes cliens, ces enfans de la liberté, qui
l'ont fidélement servie à Saint-Domingue, qui n'ont pas
voulu se laisser opprimer en son nom, qui donneraient
mille vies pour elle, mais qui ne fléchiront jamais devant
d'insolens satrapes, que comme des conspirateurs à ac-
coler à Babœuf ou à ceux de Grenelle. Oui, Villatte et
ses compagnons d'infortune devaient exciter mon zèle,
parce que nous avons une constitution, parce qu'elle était
méconnue en eux par leurs persécuteurs, parce que ce dépôt
sacré est confié au législateur, au directoire et au zèle des
jeunes gens et des pères de famille : ces principes font la
règle invariable de ma conduite ; ils me donnent le courage de la vertu luttant contre le crime. Je ne craindrai
pas que les hommes profondément pervers, que je dé-
masque, parce que je les crois dangereux à la tranquillité
de mon pays, parviennent jamais à me faire confondre
avec les royalistes qui les ont voulu perdre , ni que leurs
vociférations mensongères doivent imposer silence aux vrais
républicains par la crainte de pareilles inculpations ; je mé-
prise autant les viles délations méditées par Leborgne que
les poignards de Sonthonax ; je prouverai que je suis républicain en en montrant les vertus, mais sur-tout le courage.
Ceux-là seuls sont complices des tyrans qui déshonorent
ou font haïr la liberté, et ceux-là ne sont que des esclaves
qui n'ont pas la force de signaler le crime par-tout où il
se trouve.

C 4

sion avait apportés avec elle, Sonthonax en fit secrétement distribuer plus de la moitié aux nègres révoltés des montagnes de l'Est : il fit un très - grand nombre de généraux noirs ; il déporta ou laissa sans activité ceux qui étaient envoyés d'Europe ; il répandait que dans les départemens de l'Ouest et du Sud les noirs et les blancs étaient exclus de toutes les places, que les nègres n'y étaient pas libres, qu'on ne trouvait parmi eux aucuns généraux ; il se plaignait de ce que les cultivateurs étaient contenus dans leurs atteliers, de ce qu'ils y travaillaient comme avant la liberté, travail auquel on les assujettissait, disait-il, par les traitemens les plus rigoureux ; il se plaignait enfin de ce que le vol et le vagabondage y étaient sévèrement réprimés.

Sonthonax, trop adroit pour ne pas démentir, par des actes publics, les instructions secrètes et verbales qu'il donnait à ses agens, ne laissait pas de faire des proclamations où il prêchait aux cultivateurs l'amour de l'ordre et du travail ; mais en suivant sa conduite machiavélique, il n'était pas possible de se méprendre sur le but qu'il se proposait, puisque, dans le même temps, éclatait dans les montagnes du *Port-de-Paix*, du *Moustic* et de *Jean Rabel* une nouvelle révolte dans laquelle quarante blancs et hommes de couleur furent égorgés aux cris de *vive Laveaux*, *vive Sonthonax* (1).

Sonthonax voulait enfin se venger par tous les moyens possibles des hommes de couleur, dont il était devenu l'ennemi, parce que, dans sa précédente mission, il avait rencontré dans quelques-uns d'entre eux une énergie qui n'encensait pas sa tyrannie et son délire démagogique, parce qu'il trouvait dans ces hommes, plus avancés que les autres dans la civilisation, d'importuns et trop clairvoyans censeurs de sa conduite ; il voulait, dis-je, réaliser le projet qu'il avait conçu depuis long-temps, de perdre des hommes qu'il avait caressés lorsqu'il en avait eu besoin, et qui, fatigués de ses actes arbitraires, l'avaient dénoncé à son collègue Polverel (2).

---

(1) Le général Pajeot et tous les soldats et officiers de l'armée européene, actuellement ici, peuvent attester ce fait.

(2) Que de fois n'avait-il pas dit « qu'il tirait » d'un homme tout le parti qu'il pouvait, et qu'il le » cassait comme un verre quand il n'en avait plus besoin » ! N'était-ce pas aussi le système de nos prétendus grands d'autrefois ?

> Nous sommes de leur gloire un instrument servile,
> Rejetté par dédain s'il devient inutile,
> Et brisé sans pitié dès qu'il est dangereux. . . . . .

De-là l'envoi dans le Sud de Rey, Leborgne et Kerversau pour délégués, de Desfourneaux pour inspecteur général de la force armée, d'Idlinger pour ordonnateur, d'Arnaud Préty pour commandant de la gendarmerie.

Ces délégués et leur suite débarquèrent à Tiburon, y passèrent en revue la garnison, s'informèrent du nombre d'officiers noirs, en trouvèrent treize, et écrivirent à la commission qu'il n'y en avait que deux. Ils leur demandèrent pourquoi ils n'étaient pas élevés aux grades supérieurs. « *Vous ne voyez pas, leur dirent-ils, que les mulâtres sont vos ennemis, que vous devez vous rallier aux blancs pour les exterminer et prendre leur place* ». Ces officiers leur répondirent que les bataillons dans lesquels ils étaient, avaient été formés par les commissaires Delpech et Polverel, qui n'y avaient placé pour officiers que des hommes de couleur ; que le peu de noirs qu'ils y voyaient y avaient été portés en remplacement par le général Rigaud.

Ils tinrent la même conduite dans toute leur route, et ne cessèrent de répéter à tous les noirs vagabonds qu'ils rencontraient, et qui se plaignaient qu'on les contraignaient au travail. « *Travaillez si vous voulez ; vous êtes libres, personne n'a le droit de vous forcer à faire ce que vous ne voulez pas. Vous êtes des sots d'obéir aux mulâtres* ».

Dès ce moment, plus de travail, plus de revenus, plus de subordination, plus de sûreté.

A leur arrivée aux Cayes, les délégués furent reçus presque en triomphe ; l'air retentit des cris mille fois répétés de *vive la république, vive la commission, vivent ses délégués*. Tous les citoyens crurent voir en eux des hommes revêtus de la confiance du gouvernement, qui venaient consolider à jamais le bonheur et la tranquillité dont ils jouissaient depuis plus de deux ans ; mais l'illusion de l'espérance fut bientôt dissipée.

Dès que les délégués se furent fait reconnaître par les autorités constituées, ils s'emparèrent de tous les pouvoirs civils, administratifs et militaires : ils exercèrent les uns et les autres avec un despotisme incroyable ; ils affichèrent le luxe le plus scandaleux ; ils entretinrent une table splendide, et dans le même moment ils réduisaient la ration des troupes, supprimaient les habillemens et la demi-paye qui leur avaient été précédemment accordés et jusques-là réguliérement donnés.

L'un d'eux, Leborgne, précédé par sa réputation de *Marat des Antilles*, dont il s'était lui-même donné le titre, parti de France sans un sou, prend, peu de jours après son arrivée sur le corsaire *le Sonthonax*, douze actions et demie, chacune de 1650 livres, et s'établit en même temps juge des prises. Il se fait faire un bon de 13,200 livres par la maison de *Denton et Hall;* il fait tirer par la maison *Nathan*, sur le citoyen Dufrayer, à Paris, une lettre-de-change de 1200 livres (1) au profit d'une prostituée qu'on l'avait forcé de débarquer sous voile à Rochefort, sur la demande de Pascal, secrétaire-général de la commission. Ce délégué n'a-t-il point ravi l'accordée du général Rigaud ? N'a-t-il pas eu l'impudence de le braver, en la lui montrant dans son lit en présence de l'état-major de ce général, lorsqu'il fut rendre sa visite de cérémonie à la délégation ? Faut-il parler de son goût pour les diamans à Sainte - Lucie, enfin de tant d'autres choses que tant de fois on lui a vainement reprochées, qu'il serait trop long d'énoncer, et sur lesquelles il faut bien garder le même silence que lui ?

---

(1) Voir le mémoire imprimé de Leborgne, qui est entre les mains des membres de la commission des colonies, dans lequel il se glorifie de n'avoir été persécuté que parce qu'il était le *Marat des Antilles.*

On trouvera à la même commission toutes les preuves relatives aux actions et aux lettres-de-change.

Le second, Rey, connu par son immoralité et sa haine pour la liberté et l'égalité, avait été précédemment condamné à la déportation par Polverel et Sonthonax comme un des assassins de Rigaud dans la journée du 14 juillet 1793; et Rigaud, alors commandant provisoire de la province du Sud, avait été chargé de l'exécution de cet ordre, qu'il ne put remplir, parce que Rey ayant échoué dans son projet, s'était sauvé dans un canot à Jérémie, ville au pouvoir des Anglais (1).

Cet intrigant ne démentit point l'opinion défavorable qu'il avait laissée de lui. Il se livra à la plus crapuleuse débauche; le jeu, les femmes, le vin l'absorbaient du matin au soir. Il s'entoura de tous les scélérats qui l'avaient antérieurement secondé dans ses tentatives pour assassiner Rigaud, et les présenta à ses collègues comme *les républicains les plus propres à servir leurs vues.*

Le troisième, le citoyen Kerversau, a su, par sa conduite sage et modérée, se conci-

____

(1) L'original de l'ordre est entre les mains du général Rigaud, et les copies certifiées de lui se trouveront à la commission des colonies.

lier l'estime générale : il n'a partagé aucuns des actes arbitraires qu'on peut justement reprocher à ses collègues. Mais un grand tort à leurs yeux est d'avoir reçu des éloges de quelques fauteurs de la faction royale, comme si la vertu ne se conciliait pas le respect, autant que le crime se couvre de la haine de tous les partis.

L'ordonnateur Idlinger, parfaitement connu du commerce de Bordeaux, habile dans l'art d'arranger les comptes des maisons en faillite, a tour-à-tour servi à Saint-Domingue Bacon de la Chevalerie, le marquis de Montullé, le général Montbrun qu'il a quitté pour Sonthonax, et celui-ci pour les Anglais, après la prise du Port-au-Prince. Il y resta six mois, commis de Dalton, agent du gouvernement britannique, et il a passé de-là à *Philadelphie*, où il surprit la religion du ministre Adet, qui le chargea d'apporter en France les paquets de la légation.

Sonthonax, qui connaissait parfaitement *ses principes*, et à qui il était particuliérement recommandé par le ministre Truguet et par M. A. Bourdon, se chargea de l'emmener à Saint-Domingue, et de lui procurer de l'avancement.

C'est sous l'administration de cet ordon-

nateur qu'en moins de trois mois les dépenses
du département du Sud se sont élevées à
6,766,048 liv. 2 s. 7 d., non compris plus de
300,000 liv. pour les dépenses particulières
de la délégation (1).

Arnaud Préty, coriphée du Panthéon,
sachant à peine lire et écrire, connu par son
dévouement sans bornes à Sonthonax, qui
l'avait emmené en qualité d'un de ses aides-
de-camp, célèbre par sa férocité, s'était
distingué à Jérémie dans les cruautés exer-
cées contre les hommes de couleur. Il portait
en guise de cocarde à son chapeau, les oreilles
de ceux qu'on avait égorgés. Cet Arnaud
Préty fut envoyé pour prendre le commandement de la gendarmerie du Sud.

Desfourneaux arriva aux Cayes quelque
temps après eux : il y était parfaitement
connu pour être l'auteur des événemens
affreux des 17 et 18 mars 1794, qui man-
quèrent d'occasionner la subversion totale de la ville du ci-devant Port-au-
Prince.

C'est à de pareils hommes bien connus
de la commission, trop fameux dans le pays

____

(1) J'ai entre les mains l'état des dépenses du département du Sud pendant l'administration de l'Ordonnateur
Idlinger, ainsi que les comptes particuliers des délégués.

où ils venaient la représenter, que furent remis des pouvoirs immenses, presqu'illimités; ce sont de tels hommes qu'elle avait chargés de l'organisation de deux départemens, qui étaient dans la situation la plus florissante avant leur arrivée, et qui n'auraient pas tardé à présenter l'aspect affligeant de celui du Nord, si les moyens qu'avaient employés ces agens n'eussent pas tourné contre eux-mêmes.

Pendant que leurs émissaires Arnaud Préty, Menou et Edouard (ces deux derniers aides-de-camp de Desfourneaux), et quelques autres plus obscurs, couraient la plaine, insurgeant les cultivateurs et les troupes campées sur l'habitation *Perrin*, frontière de Jérémie (1), les délégués, afin d'écarter le général Rigaud, dont ils redoutaient la présence et la fermeté, convaincus qu'ils ne parviendraient pas à opérer un mouvement favorable à leurs projets tant qu'il serait aux Cayes, méditèrent une attaque contre Jérémie.

------

(1) Arnaud Préty, dans une tournée qu'il faisait en plaine avec les délégués, parvint à soulever les soldats de ce camp contre leur chef, et à le faire renfermer dans un cachot. Le général Rigaud arrive par hasard, rétablit l'ordre, demande aux délégués justice de cette action criminelle, et ne peut l'obtenir.

Ils

Ils engagèrent en conséquence les généraux Desfourneaux et Rigaud à leur donner chacun un plan particulier. Ils accordèrent, comme de raison, la préférence à celui de Desfourneaux, quoiqu'il n'eût pas, comme Rigaud, les connaissances parfaites du pays et de ses positions plus ou moins avantageuses : aussi ce plan fut-il aussi mal exécuté que conçu.

La colonne commandée par Desfourneaux, forte de dix-huit cents hommes, fut complétement battue par un simple poste avancé, et obligée d'abandonner une pièce de canon.

Doyou ainé, chef de bataillon, commandait une colonne d'observation, et suivit ponctuellement les instructions qu'il avait reçues.

Le général Rigaud, chargé d'offrir aux émigrés l'amnistie accordée par les agens du directoire à Saint-Domingue, et de faire le siège de ce poste en cas de refus, n'avait que douze cents hommes sous ses ordres.

Avec ces faibles moyens, malgré le refus fait à sa sommation, il parvint à établir ses batteries, à bombarder et canonner ce poste important, et à le mettre dans un tel état de détresse, qu'il allait s'en emparer et le prendre d'assaut, lorsque les délégués, qui avaient réussi à exciter dans la ville des Cayes un mécontentement général qu'ils avaient provoqué par leurs actes vexatoires et l'arrestation illégale de plusieurs citoyens, n'étant plus les maîtres de contenir l'indignation générale, prirent un arrêté pour le rappeler aux Cayes. Les citoyens de la ville, réunis aux forts *Lislet* et *la Tourterelle*, lui mandèrent en même temps de se rendre sur-le-champ pour rétablir l'ordre troublé pendant son absence ; déjà même le délégué Rey et le général Desfourneaux avaient pris la fuite, accompagnés de sept ou huit des leurs.

A la réception de ces lettres, Rigaud leva le siège, fit embarquer son artillerie, et partit sur-le-champ pour les Cayes, à la tête d'une moitié de sa colonne, laissant l'autre à Tiburon.

Il trouve à l'entrée de la ville au moins huit mille noirs qui étaient accourus des différentes parties de la plaine. Il s'ouvrit un passage à travers cette multitude, entra dans la ville, doubla tous les postes, et donna ordre de s'opposer à l'entrée de ces nègres étrangers ; mais dans le même instant un coup de fusil, parti à la suite d'une rixe particulière entre deux militaires, fut le signal d'un mouvement général ; il ne fut plus possible de retenir les nègres du dehors. Ils entrèrent, non-seu

lement par les portes, mais franchirent les
fossés et escaladèrent les remparts. Ils ren-
versèrent tout ce qui se trouva sur leur passage ; Rigaud, lui-même, déjà excédé des
fatigues d'une attaque et d'une marche forcée,
fut méconnu, terrassé et foulé aux pieds : ce
ne fut qu'avec la plus grande peine qu'on
parvint à le dégager et à le transporter chez
lui presque sans connaissance. Alors le désordre fut à son comble, chacun servit ses
vengeances particulières ; le pillage et l'as-
sassinat portent de tous côtés la désolation ;
et les efforts des divers chefs militaires ne
purent empêcher qu'environ soixante individus ne succombassent dans ces malheureux
événemens.

Le général Rigaud revenu de son évanouis-
sement, fit répandre par-tout des patrouilles
nombreuses, chargées de faire sortir de la
ville tous les nègres étrangers ; il parcourut
lui-même toutes les rues pour rassembler chez
lui les hommes, femmes et enfans qu'il pourrait soustraire à la rage des furieux (1). Elle
fut portée à un tel point, que, sans respect,

____

(1) Voyez à ce sujet, à la commission des colonies,
l'adresse des habitans de la ville des Cayes, réunis chez
le général Rigaud, en date du 14 fructidor, an 4, et la
proclamation rendue par ce général le 15 du même mois.

sans considération pour lui, ils vinrent jus-
qués dans sa propre maison en arracher leurs
victimes.

Les délégués, dont l'autorité était méconnue, et qui ne pouvaient pas se dissimuler
qu'ils avaient totalement perdu la confiance
de tous les citoyens, avaient pris, le 14 fructidor, un arrêté par lequel ils investissaient le
général Rigaud de tous les pouvoirs nécessaires
pour rétablir l'ordre et sauver la chose publique, ou plutôt pour faire retomber sur lui les
suites funestes de leurs excès, et l'accabler du
poids de leur responsabilité et de leurs forfaits.

Pour parvenir à ce but, et rassurer tous les
esprits, justement effrayés de la conduite
scandaleuse et criminelle des délégués, donner
une apparence de satisfaction, et les soustraire
en même temps à la fureur du peuple, qui
demandait hautement leurs têtes, le général Rigaud fut forcé de les mettre en arrestation. Il rendit compte en même temps à
la commission des motifs qui avaient nécessité ses mesures.

Enfin l'ordre et la tranquillité succédèrent
à ces affreux orages. Rigaud écrivit à la commission qu'ayant rempli, autant qu'il était
en lui, tout ce qu'exigeait l'arrêté de ses délégués, du 14 fructidor, il se trouvait dans

l'impossibilité de suffire seul aux fonctions administratives et militaires. Il la priait, en conséquence, de vouloir bien envoyer dans le département du Sud de nouveaux délégués qui, réunissant à un républicanisme éprouvé une moralité et une conduite irréprochable, pussent rétablir la confiance que les précédens envoyés avaient fait perdre.

Sur cette demande réitérée, la commission choisit les deux généraux de brigade Chanlatte et Martial Besse. Elle les chargea de prendre sur les lieux des renseignemens positifs sur les événemens arrivés aux Cayes, de lui en faire un rapport impartial, et de lui indiquer les moyens qu'ils croiraient les plus convenables pour assurer la tranquillité de ce département.

La commission chargea en même temps le général Beauvais, qui s'était trouvé présent aux événemens de fructidor, de lui en donner un détail exact. Ce général, à cette époque, avait été porté au commandement du département du Sud, en l'absence des généraux Desfourneaux et Rigaud, et pouvait plus que tout autre donner des éclaircissemens certains.

Ces trois généraux s'accordèrent dans leur rapport à en rejetter la cause sur la conduite affreuse des délégués Rey et Leborgne, du général Desfourneaux, et des autres scélérats qui les entouraient (1).

Les généraux Chanlatte et Martial Besse étaient en même temps porteurs d'un arrêté de la commission qui rappelait au Cap ses délégués et tous les officiers civils et militaires qui les avaient accompagnés, qui voudraient les suivre. Ils partirent, en effet, quelques jours après.

La commission paraissait disposée à adopter une partie des moyens de conciliation qui lui étaient proposés par les généraux Martial Besse et Chanlatte. Témoins de la situation de ce département et de l'esprit qui animait ses habitans, ils s'étaient convaincus que cette voie était la seule capable d'entretenir l'état florissant, l'union et l'harmonie qui déjà succédaient aux troubles dont il avait été momentanément agité.

Mais à l'instant où une proclamation conforme à ces vues allait être publiée, arriva de France une corvette (2) qui vraisemble-

____

(1) Pour s'en assurer, on peut consulter à la commission des colonies les rapports et la correspondance des généraux Martial Besse et Chanlatte, tous deux actuellement à Paris.

(2) Tout le monde fut consigné à bord, et toute communication avec la terre interdite. On craignait, sans

ment apporta à la commission des instructions de Truguet, et changèrent subitement
ses dispositions pacifiques. Dès-lors elle cessa
toutes ses relations avec le département du
Sud, et rendit, le 23 frimaire, une proclamation propre à rallumer la guerre civile.

Les citoyens de toutes les communes du
Sud, et des quartiers de l'Ouest y annexés,
appréciant le but de cette proclamation, et
effrayés des suites qu'elle devait nécessaire-
ment entraîner après elle, se réunirent dans
leurs chefs-lieux respectifs, et prirent divers
arrêtés qui tous s'accordaient à mettre le département du Sud sous la sauve-garde immé-
diate du général Rigaud. Ils le requéraient de
rester à son poste jusqu'à la décision du directoire et du corps législatif, devant lesquels la
commission avait elle-même renvoyé le jugement de cette affaire. Ils le rendaient per-
sonnellement responsable de tous les malheurs
qui pourraient arriver en cas de refus de sa
part. Ils le chargeaient en outre de prendre
les mesures convenables pour faire parvenir
au gouvernement toutes les pièces relatives

---

doute, que quelque citoyens n'eussent le courage de faire
parvenir au gouvernement la vérité sur la conduite scandaleuse et coupable de ses agens.

D 4

aux événemens qui avaient donné lieu à cette fatale proclamation (1).

Depuis cet instant, la tranquillité est parfaitement rétablie dans le Sud. Rigaud, toujours chargé des rênes du gouvernement, n'a jamais cessé, depuis les malheurs arrivés en fructidor, de rendre compte à la commission de toutes ses opérations : il l'a toujours consultée sur la conduite qu'il avait à tenir ; et n'en ayant obtenu aucune réponse, il a été obligé de suivre l'impulsion de son amour pour l'ordre et le bien de son pays.

Situation actuelle.

La colonie présente, dans la partie du Nord, quelques sucreries affermées à des prix très-modiques, et qui ne fournissent pas la centième partie des dépenses journalières ; ses montagnes sont occupées par les nègres révoltés, restes de l'armée de Jean François et de Biassou : ils y ont à-peu-près trente mille fusils. Ils y sont en armes depuis le mois d'août 1792. Depuis cette époque, ils se sont toujours abandonnés aux assassinats, à l'incendie, au vol et au pillage (2). Ils ne pour-

---

(1) Voyez les différens arrêtés des communes du département du Sud et des quartiers de l'Ouest y annexés.

(2) Les dernières nouvelles, arrivées pendant la rédac-

ront être remis au travail, dont ils ont perdu l'habitude depuis si long-temps, que par les noirs et les hommes de couleur réunis, guidés par des chefs accoutumés à la guerre des montagnes.

La partie de l'Ouest attenante au Nord, où commande maintenant avec une profonde sagesse (1) le général Toussaint Louverture, présente un aspect moins défavorable. La culture est en activité dans presque tous les points qui se trouvent sous son commandement. Il a une armée de sept à huit mille hommes bien disciplinés : il les contient et les dirige pour maintenir la tranquillité intérieure et harceler les Anglais qui occupent

---

tion de cet écrit, annoncent cependant que beaucoup de révoltés sont rentrés sur les habitations ; mais toutes s'accordent à dire qu'ils ont conservé leurs armes, dont ils feront toujours usage toutes les fois que quelques intrigans voudront les mettre en mouvement.

(1) Quoique nous ayons reproché ailleurs à ce général des erreurs auxquelles il a été entraîné dans un temps d'oubli, indépendamment de l'impartialité sévère qui doit caractériser l'honnête homme, nous nous faisons un vrai plaisir aujourd'hui d'avancer qu'il possède la précieuse qualité de bien s'entourer, et qu'il a appris à mériter, non les éloges intéressés de ceux dont nous n'avons qu'esquissé quelques turpitudes, mais de tous les hommes estimables, qui forment des vœux pour le maintien du bon ordre.

plusieurs postes importans dans cette dé-
pendance.

L'autre partie, attenante au Sud, où commande le général Beauvais, est dans une position satisfaisante. La culture et le travail y
sont en pleine activité, à l'exception d'une
portion du territoire avoisinant Léogane, qui
a été successivement prise et reprise par les
Anglais et les républicains. Les produits des
autres habitations sont à-peu-près les mêmes
qu'avant la révolution.

Le département du Sud est dans la situation la plus brillante. Les établissemens des
sucreries de ses plaines qui avaient été dé-
truits ont presque tous été rétablis. Les nègres
y sont en général sur leurs habitations respectives ; ils y travaillent avec le même zèle
et la même activité qu'avant la révolution,
sans y être contraints par d'autres motifs que
le bénéfice qu'ils en retirent.

On ne peut cependant pas se dissimuler
qu'il règne dans tous les esprits une certaine
inquiétude , suite de la proclamation du
28 frimaire, qu'il sera bien facile de dissiper
par la promulgation de la loi d'amnistie, du
4 brumaire.

L'heureux événement opéré à Saint-Domingue , par la prudente énergie du général

en chef Toussaint Louverture , et par le concours du citoyen Raymond , est trop important pour qu'il soit permis de le passer sous silence. Cette colonie vient aussi d'avoir son 18 fructidor : il doit également y affermir la liberté , quoique portant sur un autre objet. Les républicains ont toujours à se féliciter, quel que soit le parti vaincu. En Europe, c'est le royalisme que l'on avait à combattre ; à Saint-Domingue , c'est l'anarchie qui a succombé. Les détours de l'astucieux Sonthonax n'ont pu séduire la simplicité d'un nouveau citoyen qu'en vain il avait cru éblouir par le grade des Buonaparte , des Hoche , des Augereau. Le général Toussaint, n'écoutant que son devoir, a tout accepté, si l'on excepte la complicité des plus grands forfaits : il a rejeté avec la plus vive indignation les ouvertures perfides que lui faisait Sonthonax , pour concourir à son projet *d'indépendance.*

Dès long-temps , ce désorganisateur, *ce palladium de la liberté , ce père de la colonie,* avait perdu la confiance du général Toussaint ; dès long-temps il épiait ses démarches tortueuses : enfin Sonthonax vient se démasquer lui-même ; il vient proposer au général Toussaint, quoi...? cet horrible attentat que lui et les siens n'ont cessé d'attribuer aux plus distingués des hommes de couleur, croyant ainsi faire prendre le change sur eux-mêmes, *l'égorgement général des blancs et anciens libres, et la séparation de la colonie d'avec la métropole.*

Toussaint Louverture eût été le chef de la colonie, disait Sonthonax; ce dernier eût été *son conseil :* et quel conseil ! Je laisse à juger, et des motifs, et des moyens, et des effets de l'exécution d'un tel projet. Enfin le général, s'armant de fermeté, intima l'ordre à Sonthonax de s'embarquer ; et, malgré ses efforts à faire soulever en sa faveur quelques chefs, il fallut bien s'y résoudre au signal donné par trois coups de canon. Ainsi cet homme, incapable de rien aimer que le crime, est parti d'un pays dont il a été si long-temps le fléau, sans recevoir la moindre marque d'intérêt d'aucune des trois couleurs de citoyens que tour-à-tour il avait trompées.

Il n'est pas question ici d'allégations vagues ; il s'agit de faits consignés dans les rapports officiels et procès-verbaux authentiques envoyés au directoire exécutif par le général Toussaint et l'agent particulier Raymond, qui n'a point perdu ses droits à l'estime publique, malgré l'empressement de son infâme collègue à devancer, par des calomnies, ses imputations en Europe.

A-t-on eu des preuves plus complètes contre ceux qu'a frappés le 18 fructidor ? Ou Sonthonax est un dangereux conspirateur, ou Toussaint et Raymond ont attenté à l'autorité nationale. Ah ! sans doute ils ont sauvé la république à Saint-Domingue, comme le directoire l'a sauvée en Europe. Je ne crains pas de le dire, ils ont bien mérité d'elle.

Les agens de la faction Sonthonax, et non les députés de la colonie au corps législatif, y seraient-ils plus inamovibles que ceux nommés sous l'influence de Blankembourg ? Non.... Le législateur et le gouvernement ont juré *haine à l'anarchie comme à la royauté* : le sénat de la république ne peut être souillé par celui qui vient d'attenter contre son intégralité, contre son *indivisibilité*. Qu'il se libère, s'il le peut, de son immense responsabilité, et qu'il renonce enfin, pour le repos de tous, à sa funeste activité.

Le vertueux pacificateur de la Vendée, le général Hédouville, va combler à Saint-Domingue le bonheur qui renaît déjà de la concorde entre tous ses habitans, et y consolider la liberté générale en rappelant le règne des lois et de la constitution. La bienfaisante expédition qu'il commande ne sera point enchaînée par des intrigues (1) ; elle ne gênera pas les habitans de Saint-Domingue dans la libre émission de leur vœu. Cette colonie n'enverra plus *au corps législatif les dangereux agitateurs dont elle ne voulait que se débarrasser* (2). Enfin elle saura profiter de sa victoire en se ralliant plus que jamais aux autorités de la république, qui a consacré sa liberté, tous ses autres droits politiques, et saura les lui conserver.

Moyens de restauration.

A ce rapport exact de la situation de Saint-Domingue, à ce développement succinct des causes des événemens qui s'y sont succédés, je crois devoir joindre l'indication de quelques-uns des moyens les plus propres à y rétablir l'ordre, la tranquillité et le travail.

Envoyer à Saint-Domingue un seul agent, homme connu, intègre, impartial, dont la

---

(1) Quoique M. Dufay se soit permis de dire : « Nous » avons bien su retenir à Brest, pendant dix-huit mois, » la dernière expédition, celle-ci n'est pas encore partie ».
(2) Voyez le rapport du citoyen Raymond, page 20.

réputation soit faite, et jouissant en France d'une fortune honnête, autorisé à s'adjoindre sur les lieux un ou deux de ses prédécesseurs.

Eviter scrupuleusement, jusqu'à l'entier rétablissement de la tranquillité, d'y faire passer des hommes *justement* déportés de la colonie comme perturbateurs, d'y réintroduire aucuns de ceux qui, par leurs actions, leurs dires ou leurs écrits, se sont montrés les ennemis de la liberté et de l'égalité.

Eviter également d'y réintroduire avant le rétablissement de la tranquillité aucuns de ceux qui ont été directement ou indirectement cause de quelques-uns des événemens fâcheux qui ont affligé la colonie.

N'entourer l'agent qu'on y enverra que d'hommes probes, d'un civisme épuré, instruits, sans préjugés, absolument étrangers aux événemens de la révolution des colonies, et contre lesquels il n'y ait aucune prévention raisonnable.

Y porter des armes et des munitions en quantité suffisante, et sur-tout beaucoup d'instrumens aratoires, tels que serpes, houes, haches, couteaux à indigo, et sabres vulgairement connus sous le nom de manchettes.

Débarquer dans le département du Sud.

Promulguer aussi-tôt le débarquement, le rappel en France de la commission.

Faire de suite publier la constitution de l'an 3 dans toutes les parties de la colonie.

Proclamer l'amnistie pour tous les délits révolutionnaires antérieurs à l'arrivée du nouvel agent du gouvernement.

Faire publier également la division du territoire.

Organiser provisoirement toutes les autorités civiles, militaires et administratives.

Ne faire dans celles déjà établies que des changemens successifs et partiels.

Etablir une nombreuse gendarmerie, commandée par des officiers bien choisis.

Faire lever le séquestre de toutes les propriétés des habitans présents ou duement représentés par des fondés de pouvoirs.

Mettre à la tête des propriétés nationales des hommes qui n'en détournent point le produit.

Profiter des moyens militaires que le nouvel agent aura à sa disposition, et du mouvement d'enthousiasme que produira sa présence dans ce département, pour s'emparer de Jérémie, poste important par le produit des ses habitations, qui n'ont pas souffert de la révolution. Ce poste sera sûrement emporté

porté par l'armée, jalouse de se signaler sous les yeux du nouvel envoyé du gouvernement français, et de démentir les calomnies dirigées contre elle et ses chefs.

Faire préalablement une adresse à tous les habitans français des postes occupés par les Anglais, leur promettre toute sorte de sûreté s'ils secondent les efforts des républicains pour rentrer sous la domination de la république française.

Ne quitter le département du Sud qu'après son organisation définitive, et l'avoir mis en état, par une sage administration, de suffire à toutes ses dépenses, et de fournir des moyens de restauration pour le Nord.

Passer ensuite dans l'Ouest, y faire les mêmes opérations que dans le Sud, et préparer dans ces deux départemens les ressources pour l'organisation et le rétablissement de celui du Nord.

Se porter de là dans ce dernier département.

Faire nne proclamation aux révoltés des montagnes de l'Est, pour les engager à rentrer dans le devoir; leur promettre indulgence et bonté s'ils se soumettent, les menacer de toute la vengeance nationale s'ils persistent dans leur révolte.

E

Se servir ensuite de l'influence du général Toussaint Louverture, et des forces qui sont à sa disposision, pour les soumettre, les désarmer et les remettre au travail.

Ne laisser armés que les bras absolument nécessaires à la défense de la colonie, employer le reste à la culture des sucreries de ces fertiles et superbes savanes.

Eloigner de la colonie et renvoyer en France ou ailleurs tous les moteurs d'insurrection, tous les agitateurs, tous les intrigans attachés au char de la commission.

Ne s'occuper de la partie espagnole cédée à la république qu'après l'organisation définitive de la partie française, ou lorsque la paix permettra au gouvernement d'y envoyer des forces suffisantes pour en prendre possession.

Laisser à Santo-Domingo, comme agent particulier, le citoyen Roume, jouissant de la confiance des citoyens de toutes les couleurs, et qui l'a méritée par sa conduite franche et modérée.

Tout homme de bonne foi sera convaincu que, par l'emploi de ces moyens, l'ordre, la tranquillité et le bonheur succéderont bientôt à une guerre civile, malheureuse, dont

tous les partis sont las, et qui n'a été excitée et entretenue que par de monstrueux
désorganisateurs, qui espéraient par-là se
rendre nécessaires au gouvernement, ac-
croître leur puissance, et combler impuné-
men leurs coffres-forts.

Pour détruire enfin toute espèce de doute
sur les sentimens des habitans de Saint-Domingue, et particuliérement du Sud, je
rappellerai ici les dernières expressions de
leurs adresses au corps législatif et au directoire exécutif, en date des 18 thermidor et
24 fructidor de l'an 4. Ils s'expriment ainsi :
.... « Pénétrés de confiance pour le
» gouvernement français, et invariablement
» attachés à notre mère patrie, entiérement
» soumis aux loix de la république, nous
» vous répétons, législateurs, le serment de
» vivre et mourir pour elle, de défendre
» notre pays contre nos ennemis, de les
» combatre jusqu'à extinction, et de ne ja-
» mais souffrir que des intrigans, des hommes
» sans patrie viennent allumer parmi nous
» le flambeau de la discorde....».
— « Les ennemis de la liberté et de l'é-
» galité pourront nous voir tous mourir ;
» mais ils ne verront pas un de nous se

» soumettre à l'esclavage et à la tyrannie;
» et si nous devons succomber sous leurs
» coups, notre dernier cri, en rendant le
» dernier soupir, sera celui de VIVE LA
» RÉPUBLIQUE FRANÇAISE UNE ET INDIVI-
» SIBLE ».

BIBLIOTHEQUE ROYALE

www.ingramcontent.com/pod-product-compliance
Ingram Content Group UK Ltd.
Pitfield, Milton Keynes, MK11 3LW, UK
UKHW022345070726
13614UKWH00003B/1150

9 782019 670214